curiosidad por

LOS TIBURONES SARDA

POR EMMA ALICE JOHNSON

AMICUS LEARNING

¿Qué te causa

curiosidad?

Curious About está publicado por
Amicus Learning, un sello de Amicus.
P.O. Box 227
Mankato, MN 56002
www.amicuspublishing.us

Editora: Ana Brauer
Diseñadora de la serie: Kathleen Petelinsek
Diseñadora del libro e investigadora fotográfica: Sara Hood

Library of Congress Cataloging-in-Publication Data
Names: Johnson, Emma (Emma Alice), author.
Title: Curiosidad por los tiburones sarda / Emma Alice Johnson.
Other titles: Curious about bull sharks. Spanish
Description: Mankato, MN : Amicus Learning, an imprint of Amicus, [2026] | Series: Curiosidad por los tiburones | Includes index. | Audience: Ages 6–9 | Audience: Grades 2–3 | Summary: "Can bull sharks live in lakes? Learn about these strong ocean animals in this Spanish question-and-answer book for elementary-aged readers. Translated into North American Spanish. Includes infographics, table of contents, glossary, and index"—Provided by publisher.
Identifiers: LCCN 2024052133 (print) | LCCN 2024052134 (ebook) | ISBN 9798892006835 (library binding) | ISBN 9798892007436 (paperback) | ISBN 9798892008037 (ebook)
Subjects: LCSH: Bull shark—Juvenile literature.
Classification: LCC QL638.95.C3 J6418 2026 (print) | LCC QL638.95.C3 (ebook) | DDC 597.3/4—dc23/eng/20241226

Créditos fotográficos: Alamy Stock Photo/David Fleetham, 2, 9, 3, 17, George Karbus Photography, 18–19, Jeff Rotman, 8, Michael Patrick O'Neill, cover, 1, Mike Greenslade/Australia, 4–5; Getty Images/Alastair Pollock Photography, 10–11, Reinhard Dirscherl/ullstein bild, 6–7, Rodrigo Friscione, 12, 2, 13; Shutterstock/Alexander Machulskiy, 20–21, Orion Media Group, 15; The Noun Project/Arkinasi, 22, IronSV, 23, sandra, 22, 23; Vecteezy/om1947, 16

Impreso en India

CAPÍTULO UNO

¿Cómo es un tiburónes sarda?

Los peces rémora se adhieren a los tiburones sarda. Comen los restos que deja el tiburón.

¿SABÍAS QUE...?
Los tiburones sarda tienen muchos otros nombres. ¡En África se los llama Zambi!

Los tiburones sarda tienen hocicos cortos y fuertes. Los usan para dar cabezazos a su comida. Un tiburón sarda tiene la piel gris oscura en la parte superior. Su vientre es blanco. Estos tiburones son animales **agresivos**.

¿Los tiburones sarda nadan en grupos?

No es frecuente. Los tiburones sarda son solitarios. Por lo general, viven y cazan solos. Pero a veces, dos tiburones sarda cazan juntos. Tienen un vínculo que perdura en el tiempo. Esto podría llamarse amistad. Los tiburones sarda también se reúnen en grupos durante la temporada de **apareamiento**.

Los tiburones sarda a veces cazan en grupos pequeños.

¿Los tiburones sarda recuerdan cosas?

¡Sí! Los tiburones sarda pueden recordar a otros tiburones. También recuerdan su lugar favorito para comer. Los científicos descubrieron que los tiburones sarda siempre regresaban a una zona en busca de comida. Incluso cuando pasaban años y no había comida, todavía la recordaban. Volvían cuando había comida.

¿SABÍAS QUE...?

Los científicos a menudo colocan etiquetas en los tiburones. Estas les permiten rastrear a dónde van.

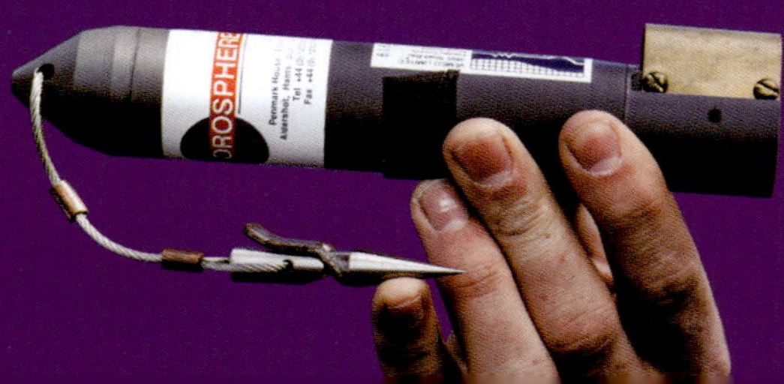

Los tiburones sarda a menudo recuerdan y regresan a los lugares en los que estuvieron antes.

CAPÍTULO DOS

¿Cómo cazan los tiburones sarda?

Los tiburones sarda pueden sentir el movimiento de un pez en el agua.

Los tiburones sarda suelen cazar solos. A veces cazan con un amigo. Utilizan un ataque de embestida y mordida. Nadan rápidamente hacia su **presa**. Luego la embisten. Esto aturde al animal. Luego, el tiburón sarda muerde a la presa.

¿Qué tan fuerte es su mordida?

Si bien no se recomienda alimentar a los tiburones, algunos buzos están entrenados para hacerlo.

Los tiburones sarda tienen una mordida fuerte. Tienen músculos mandibulares poderosos. Su mordida es más fuerte que la de cualquier otro tiburón de su tamaño. ¡Incluso tienen una mordida más fuerte que la de un tiburón blanco del mismo tamaño! Así es como comen grandes cantidades de alimento.

¿SABÍAS QUE...?
Los tiburones sarda pueden llegar a medir hasta 11 pies (3.4 metros) de largo. Su tamaño es similar al de un tiburón blanco macho.

Los tiburones sarda también tienen una cola fuerte. Les permite nadar con rapidez.

¿Qué comen los tiburones sarda?

¡Muchas cosas! No son muy exigentes con la comida. Comen principalmente pescado. A veces comen animales grandes como delfines, tortugas marinas y leones marinos. ¡Incluso pueden comer animales muertos u otros tiburones!

Los tiburones sarda comen casi cualquier animal que encuentran.

CAPÍTULO TRES

¿Dónde viven los tiburones sarda?

La mayoría de los tiburones sarda viven en el océano. Viven principalmente en aguas cálidas cerca de la costa. A veces viven en ríos. Cazan en aguas donde la gente nada. Esto significa que son más peligrosos que otros tiburones.

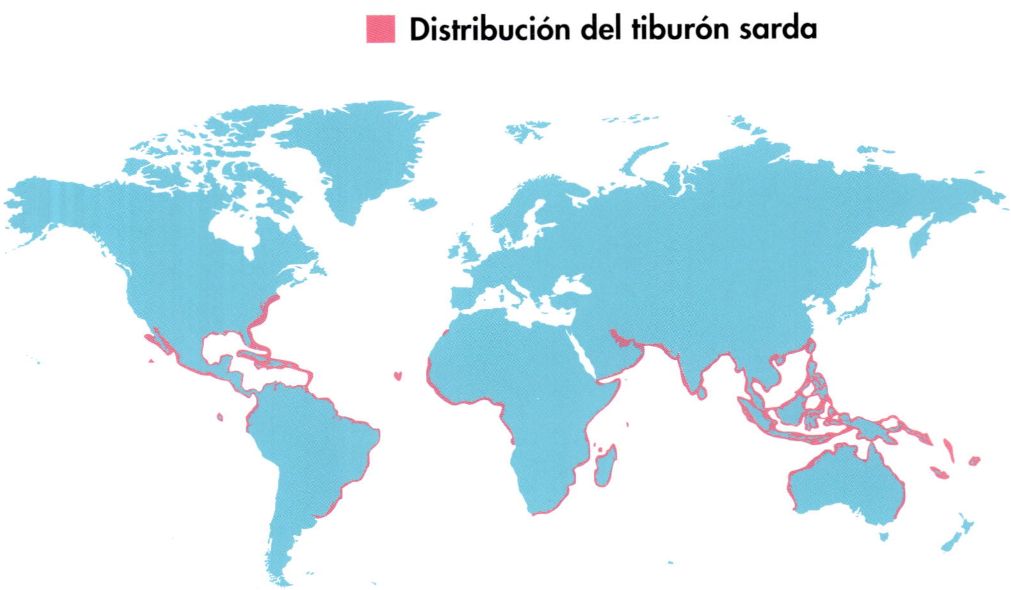

Si bien los tiburones sarda son más agresivos que otros, los ataques de tiburones son muy raros.

¿SABÍAS QUE...?
Una vez se encontraron tiburones sarda en un campo de golf. Estaban en un río que se desbordó. ¡Luego nadaron hasta un lago en un campo de golf!

¿Los tiburones sarda pueden vivir en lagos?

Sí. Pueden vivir en **agua salada** o **agua dulce**. ¡Ningún otro tiburón puede vivir en ambas! Todos los tiburones necesitan agua salada. Los tiburones sarda pueden retener sal en sus cuerpos. Así es como pueden sobrevivir en un río o lago.

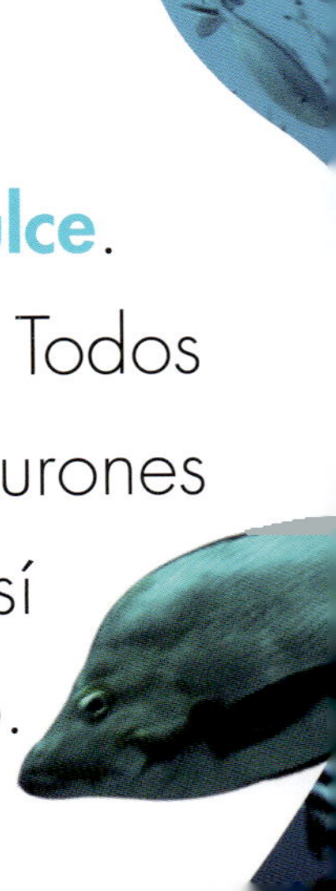

Los tiburones sarda pueden vivir de 12 a 16 años.

¿Los tiburones sarda duermen?

No duermen como lo hacemos las personas. A veces no se mueven. Disminuyen su velocidad y descansan. Algunos científicos creen que esto podría ser algo parecido a dormir. Los tiburones sarda no pueden dejar de moverse durante mucho tiempo. Necesitan seguir moviéndose para respirar.

Los tiburones sarda a menudo duermen con los ojos abiertos.

¡MANTÉN TU CURIOSIDAD!

HAZ MÁS PREGUNTAS

¿Qué tienen de especial los dientes del tiburón sarda?

¿Qué distancia recorren los tiburones sarda?

Prueba con una PREGUNTA GRANDE: ¿Cómo ayudan los tiburones sarda a mantener el océano saludable?

BUSCA LAS RESPUESTAS

Busca en el catálogo de la biblioteca o en Internet.
Pueden ayudarte tus padres, un bibliotecario o un maestro.

Usar palabras clave
Busca la lupa.

Las palabras clave son las palabras más importantes de tu pregunta.

Si quieres saber sobre:

- dientes de tiburón sarda, escribe: DIENTES DE TIBURÓN SARDA
- qué distancia recorren los tiburones sarda, escribe: UBICACIONES DE TIBURONES SARDA

GLOSARIO

agresivo Que muestra disposición para pelear o atacar.

agua dulce Agua que se encuentra en la naturaleza, que no es salada y que es apta para beber si se limpia. Los lagos y ríos son agua dulce.

agua salada Agua natural que contiene sal. El océano es agua salada.

aparearse Cuando dos animales se juntan para tener crías.

presa Animal al que cazan o matan para comerlo.

ÍNDICE

Acerca de la autora

Emma Alice Johnson vive en una granja en el bosque. Cultiva flores y le encantan los insectos. Los abejorros son sus insectos favoritos. Es amiga de un gato, un cerdo y un montón de gallinas. ¡Una vez nadó con tiburones nodriza!